Joyeux Anniversaire
des deux Parisiennes

Mathilde.   Emmanuelle ——

PARIS, le 9.12.94.

Robert Doisneau

Rue
Jacques Prévert

hoëbeke

Cet ouvrage a été publié
sous la direction de Jean-Luc Mercié.

© 1992 Editions Hoëbeke, Paris
Photos Robert Doisneau/Top-Rapho
© 1992 Editions Gallimard
pour les textes de Jacques Prévert
issus de :
Soleil de nuit
Histoires
Paroles
Spectacle.
Dépôt légal : avril 1992
ISBN : 2-905292-38-5

Maquette de Massin
Tirages : Publimod' Photo
Composition : Eurocomposition
Photogravure : Fotimprim
Reliure : Brun.

Transhumance

À Robert

Un jour, dans les petites montagnes des Alpes-Maritimes, du côté d'Entrevaux je crois, Robert Doisneau « en reportage » accompagnait un berger, ses moutons et ses chiens, lorsqu'un camion éventra le troupeau et tua aussi les deux chiens.

— Tu as pris des photos ?

— Non, j'ai consolé le berger, répondit Doisneau.

Et c'était comme si la vie, en instantané, avait fait le portrait de Doisneau.

Simple échange de bons procédés.

Depuis déjà longtemps, Robert Doisneau fait de si belles et simplement étonnantes images, et toujours à l'occasion des Noces et Banquets de l'amour et de l'humour de la vie.

(Automne 1975)

Les ténèbres ne sont jamais seules.

Rouges, les années-lumière les traversent, aussi quand les rideaux de la nuit sont tirés sur le silence du rêve ou l'oppressant tumulte de l'insomnie, l'être humain — photographe sans le savoir — développe, dans la chambre noire de sa mémoire, les images enregistrées au cours de sa journée. Alors, sur les papiers sensibles de son identité, frémissent les traits des choses et des gens qui l'ont frappé, ravi ou inquiété ou qui ont donné libre cours à son hilarité. Ainsi, dans son sommeil, les actualités se mêlent aux plus anciens des innombrables épisodes du film de sa vie. Et c'est parfois une histoire d'amour triste ou gai, nue comme la main ou comme un corps aimé, ou bien un film d'épouvante auprès duquel le « plus épouvantable film d'épouvante in the World » est une bluette pour les moins de dix ans, et puis aussi de temps à autre une aventure burlesque à six queues et douze têtes, de quoi pleurer de rire ou bien rire de pleurer, mais où personne ne rit ni ne pleure jamais.

Enfin le réveil tinte, c'est la sonnette de l'entracte avec les vendeuses de pochettes-surprise glissant sous la porte le petit déjeuner, mais plus souvent encore les sirènes des usines à machines à tuer, comme dans les vrais cauchemars de la réalité.

Réveillé, debout, le photographe malgré lui, le bénévole opérateur du film de sa vie enchaîne ma-chi-na-le-ment ses rêves, les bons et les mauvais, en fondu enchaîné, à la réalité.

Les imparfaits de l'objectif.

11

Et quand elle est mauvaise, la réalité du photographe amateur, et qu'il se trouve en présence d'un professionnel, d'un chasseur d'images comme on dit, et que celui-ci braque sur lui sa machine à dévisager, il met la main devant ses yeux, secouant la tête d'un geste dénégatoire et positivement négatif : propriété privée, chasse gardée, défense d'entrer ! Mais on raconte en Sologne que le gibier, s'il méprise le chasseur encore plus qu'il ne le redoute, a un petit faible pour le braconnier, qu'il le considère comme un frère et que s'il lui était donné de choisir, il préférerait passer par lui pour en finir avec sa brève destinée.

C'est pourquoi, quand le dormeur éveillé mais encore à demi plongé dans ses mille et une nuits rencontre Robert Doisneau qui lui sourit dans la pauvre lumière de la périphérie, il sourit aussi ou simplement le regarde avec une indifférence amusée et se laisse tirer le portrait.

Sans méfiance, car quelque chose lui dit qu'il est en pays de connaissance et qu'il a affaire à un compagnon du voyage, un compatriote de la vie.

Alors, du plus défait, du plus dévasté des visages, surgit une lueur presque heureuse, *un flash*, et la photo est d'une simplicité bouleversante tout simplement parce que le photographe a été bouleversé.

Et c'est encore le mystère de la chambre noire qu'aucun Rouletabille jamais n'a élucidé : tout comme un portrait à la main

— et que le peintre ou le photographe soit bon ou mauvais — c'est toujours quelque part un autoportrait.

Le Rolleiflex ou la boîte de Pandore, ça sort de la même usine que personne jamais n'a trouvée.

Cela, Robert Doisneau le sait et lorsqu'il travaille à la sauvette, c'est avec un humour fraternel et sans aucun complexe de supériorité qu'il dispose son miroir à alouettes, sa piègerie de braconnier et c'est toujours à l'imparfait de l'objectif qu'il conjugue le verbe photographier.

Jacques Prévert

Jacques Prévert prenait toujours le temps de répondre aux lettres que lui adressaient les enfants.

Et pas seulement avec quelques mots condescendants comme il est d'usage chez les grandes personnes. Par plaisir, il illustrait ses messages d'un semis de fleurettes de toutes les couleurs.

Une telle complicité avec les petits lui évitait la fréquentation des notables qui suent l'ennui.

Nouvelle venue dans le vocabulaire, l'expression « espaces ludiques » coïncide avec la disparition des terrains vagues où les enfants improvisaient des jeux avec les épaves de la rue, comme Jacques Prévert savait si bien le faire avec les mots de tous les jours.

Il se sentait en parfaite connivence avec ceux qui, prenant quelques libertés avec l'ordre établi, viennent offrir au piéton flâneur un spectacle permanent et gratuit.

Le bon spectateur doit regarder sans être encombré de références.

A éviter absolument : la compagnie d'un érudit de la culture artistique pour qui toute vision devient prétexte à déballer son fatras de connaissances. Un tel individu approchant du Pont-Neuf va automatiquement citer Marquet et un simple crochet du côté du canal Saint-Martin ne peut éviter Bernard Buffet.

Ce sont des gens tellement remplis de savoir qu'ils n'ont plus de place libre pour accueillir de nouvelles émotions.

Curieux, il l'était, Jacques Prévert, il se faisait toujours disponible pour une exploration proposée.

Je voulais l'étonner avec mes trouvailles sauvages et les quatre mots par lesquels il résumait son émerveillement étaient pour moi un certificat de qualité.

J'étais fier de provoquer ce déclenchement immédiat de lucidité.

Avec ma petite boîte noire, il me fallait beaucoup plus de temps pour fixer l'image de la bouffée de pétrole du cracheur de feu, boulevard Edgar Quinet. Lui, il savait faire immédiatement un bouquet pimpant avec des mots usés.

Pour éclairer ce propos et pour mon plaisir, je vous inflige le souvenir d'une rencontre matinale au tabac du boulevard Rochechouart.

Pendant qu'il achetait ses cigarettes, je regardais une grande fille pâle appuyée au comptoir, très maquillée, avec d'immenses yeux noirs, une belle fleur de nuit, attirante avec un charme vaguement inquiétant. Jacques Prévert me prend par le bras, il avait suivi mon regard, et, voix basse : « Touche pas, c'est vénéneux. » Un conseil de frère aîné.

Ce frère aîné qu'un quatorze juillet j'ai guidé rue de Nantes. Une entrée triomphale sous les lampions.

Assis sur le capot de la voiture, un officiel à brassard «COMITÉ» passablement beurré braillait : « Presse ! Presse ! ».

Ensuite nous avons rencontré une lointaine cousine devenue tenancière de bistrot. Quelle belle journée républicaine !

Aujourd'hui je cours moins les rues, le pied est peut-être moins aérien mais surtout il me manque celui qui disait : « C'est toujours les rues des plus pauvres quartiers qui portent les plus jolis noms. »

C'était bien trouvé. Alors, pour voir, j'irai me balader encore une fois, tout seul, dans la rue des Cinq-Diamants à la Butte-aux-cailles.

Robert Doisneau

Le jardin

Des milliers et des milliers d'années
Ne sauraient suffire
Pour dire
La petite seconde d'éternité
Où tu m'as embrassé
Où je t'ai embrassée
Un matin dans la lumière de l'hiver
Au parc Montsouris à Paris
A Paris
Sur la terre
La terre qui est un astre.

Les visiteurs du square.

Les garçons manqués.

Les banquistes.

Les manieurs de fonte.

Fleur de pétrole.

26   *L'ange gardien des souvenirs de famille.*

Un jour, à la Foire à la ferraille au coin de l'avenue de la République et du boulevard Richard-Lenoir, je trouvai un petit chromo anglais sur bois, avec rien d'autre que la mer sur le sable d'une plage dans la clarté lunaire.

L'année suivante à la même Foire, et au même endroit, je vis une vieille gravure toute déchirée. Dans un coin épargné il y avait une noyée en robe blanche, abandonnée par la marée.

Aujourd'hui, collée sur le rivage de l'autre image, elle ne semble pas être morte mais plutôt dormir et rêver. Sans doute, la lune la ranime, la ramène à la vie qu'elle avait oubliée.

Peintres, chromolithographes, dessinateurs, graveurs, de très loin, mais jamais de trop tard, avec des ciseaux, de la colle, je suis leur collaborateur.

28   *Enfin dans ses meubles.*

Les enfants sages des merveilleux chromos. 29

30   *L'enlumineur sur parchemin.*

Les empotés.

Vers le grand large.

Enfants de la haute ville...

Enfants de la haute ville
filles des bas quartiers
le dimanche vous promène
dans la rue de la Paix
Le quartier est désert
les magasins fermés
Mais sous le ciel gris souris
la ville est un peu verte
derrière les grilles des Tuileries
Et vous dansez sans le savoir
vous dansez en marchant
sur les trottoirs cirés
Et vous lancez la mode
sans même vous en douter
Un manteau de fou rire
sur vos robes imprimées
Et vos robes imprimées
sur le velours potelé
de vos corps amoureux
tout nouveaux tout dorés
Folles enfants de la haute ville
ravissantes filles des bas quartiers
modèles impossibles à copier
cover girls
colored girls
de la Goutte d'Or ou de Belleville
de Grenelle ou de Bagnolet.

38   *Les scarabées du Quai des Orfèvres.*   *Vue cavalière sans tambours ni trompettes.*

Travaux pratiques en gants blancs.

Moutards et motards.

Ménagère sur charentaises feutrées.

Rue de Seine

Rue de Seine dix heures et demie
le soir
au coin d'une autre rue
un homme titube... un homme jeune
avec un chapeau
un imperméable
une femme le secoue...
elle le secoue
et elle lui parle
et il secoue la tête
son chapeau est tout de travers
et le chapeau de la femme s'apprête à tomber en arrière
ils sont très pâles tous les deux
l'homme certainement a envie de partir...
de disparaître... de mourir...
mais la femme a une furieuse envie de vivre
et sa voix
sa voix qui chuchote
on ne peut pas ne pas l'entendre
c'est une plainte...
un ordre...
un cri...
tellement avide cette voix...
et triste
et vivante...

un nouveau-né malade qui grelotte sur une tombe
dans un cimetière l'hiver...
le cri d'un être les doigts pris dans la portière...
une chanson
une phrase
toujours la même
une phrase
répétée...
sans arrêt
sans réponse...
l'homme la regarde ses yeux tournent
il fait des gestes avec les bras
comme un noyé
et la phrase revient
rue de Seine au coin d'une autre rue
la femme continue
sans se lasser...
continue sa question inquiète
plaie impossible à panser
Pierre dis-moi la vérité
Pierre dis-moi la vérité
je veux tout savoir
dis-moi la vérité...
le chapeau de la femme tombe
Pierre je veux tout savoir

dis-moi la vérité...
question stupide et grandiose
Pierre ne sait que répondre
il est perdu
celui qui s'appelle Pierre...
il a un sourire que peut-être il voudrait tendre
et répète
Voyons calme-toi tu es folle
mais il ne croit pas si bien dire
mais il ne voit pas
il ne peut pas voir comment
sa bouche d'homme est tordue par son sourire...
il étouffe
le monde se couche sur lui
et l'étouffe
il est prisonnier
coincé par ses promesses...
on lui demande des comptes...
en face de lui...
une machine à compter
une machine à écrire des lettres d'amour
une machine à souffrir
le saisit...
s'accroche à lui...
Pierre dis-moi la vérité.

46   *En français dans le texte.*

TRIPERIE DES ABBESSES

TRIPERIE DES ABBESSES

Triperie - Pitrerie.

48   *Bon poids bon œil.*

Paroles…

… Et musique.   49

Naturelle.

Naturellement.

Debout devant le zinc
Sur le coup de dix heures
Un grand plombier zingueur
Habillé en dimanche et pourtant c'est lundi
Chante pour lui tout seul
Chante que c'est jeudi
Qu'il n'ira pas en classe
Que la guerre est finie
Et le travail aussi
Que la vie est si belle
Et les filles si jolies
Et titubant devant le zinc
Mais guidé par son fil à plomb
Il s'arrête pile devant le patron
Trois paysans passeront et vous paieront
Puis disparaît dans le soleil
Sans régler les consommations
Disparaît dans le soleil tout en continuant sa chanson.

Le poète et son verre.   53

Le parloir.

S'il chante, c'est bon signe.

Fonctionnaires du trottoir.

Artisans de la voirie.

57

Ouvrière très attachée à sa machine.

Le lait paternel.

Tournesol

Tous les jours de la semaine
En hiver en automne
Dans le ciel de Paris
Les cheminées d'usine ne fument que du gris

Mais le printemps s'amène une fleur sur l'oreille
Au bras une jolie fille
Tournesol Tournesol
C'est le nom de la fleur
Le surnom de la fille
Elle n'a pas de grand nom pas de nom de famille
Et danse au coin des rues
A Belleville à Séville

Tournesol Tournesol Tournesol
Valse des coins de rues
Et les beaux jours sont venus
La belle vie avec eux

Le génie de la Bastille fume une gitane bleue
Dans le ciel amoureux
Dans le ciel de Séville dans le ciel de Belleville
Et même de n'importe où

Tournesol Tournesol
C'est le nom de la fleur
Le surnom de la fille

62   *Le Château Tremblant.*

Trafics d'affluence.

66   *Les coucous du jardin des Plantes.*

Les ténèbres de la rue Watt.

68   *Quel bon vent m'amène.*

Pour ceux qui l'aiment
La ville se laisse découvrir
Nue
Pour les autres elle s'habille
elle s'endimanche
elle s'esplanade se monumente s'invalide se basilique
et
instantanément
à la demande
prend la pose plastique
Les artistes sont très contents
le modèle ne s'est pas fait prier
Préconçue
comme une idée
la photo peut se développer
Le cliché est un vrai cliché
Alors apparaît Paris dans l'ineffable clarté
de la blancheur Persil
On peut l'emmagasiner
C'est du tout cuit

Mais dans la petite foule des grands reporters touristiques
surgissent encore des vagabonds et des rêveurs
avec leur lanterne sourde

leur orgue de Barbarie
Ainsi Karabuda
comme jadis le calife des Mille et une Nuits se promenait
   dans Bagdad comme chez lui
se promène dans Paris

Que dire de sa technique
simplement qu'entre sa boîte de Pandore et lui
c'est une simple question de tact

La machine obéit à l'homme qui obéit à la machine
comme l'aveugle obéit à sa canne blanche qui lui obéit aussi
comme le peintre parfois à son pinceau à son crayon
à son outil

Et quand la petite machine à raconter la vie
pour son propre compte
raconte cette vie
Karabuda s'en laisse conter par elle
et
comme un ami se laisse guider
par les rêves de son amie
grâce à elle il surprend tous les secrets publics
de la ville éveillée

de la ville endormie

Et le rideau des jours
se lève et se baisse sur cette ville
sur sa vie
sur la vie
Sur la vie caressée éblouie
sifflée et applaudie
par la vie

La vie à l'œil nu
à l'œil neuf
le seul œil
le soleil
de connivence avec la nuit.

72 *Saluons la Seine qui part se jeter dans la mer.*

Pêche à la mouche sèche.

L'obélisque de Ménilmontant.

Vue sur l'Amer.

Un ange le dos au mur.

L'innocence assassinée.

Parti, l'humaniste.

Je suis comme je suis

Je suis comme je suis
Je suis faite comme ça
Quand j'ai envie de rire
Oui je ris aux éclats
J'aime celui qui m'aime
Est-ce ma faute à moi
Si ce n'est pas le même
Que j'aime chaque fois
Je suis comme je suis
Je suis faite comme ça
Que voulez-vous de plus
Que voulez-vous de moi

Je suis faite pour plaire
Et n'y puis rien changer
Mes talons sont trop hauts
Ma taille trop cambrée
Mes seins beaucoup trop durs
Et mes yeux trop cernés
Et puis après
Qu'est-ce que ça peut vous faire
Je suis comme je suis
Je plais à qui je plais
Qu'est-ce que ça peut vous faire

Ce qui m'est arrivé
Oui j'ai aimé quelqu'un
Oui quelqu'un m'a aimée
Comme les enfants qui s'aiment
Simplement savent aimer
Aimer aimer...
Pourquoi me questionner
Je suis là pour vous plaire
Et n'y puis rien changer.

84   *Sauf ma mère et ma sœur.*

86   *Repos de famille.*

La belle saison

A jeun perdue glacée
Toute seule sans un sou
Une fille de seize ans
Immobile debout
Place de la Concorde
A midi le Quinze Août.

Le tandem des beaux jours.   89

Les enfants qui s'aiment

Les enfants qui s'aiment s'embrassent debout
Contre les portes de la nuit
Et les passants qui passent les désignent du doigt
Mais les enfants qui s'aiment
Ne sont là pour personne
Et c'est seulement leur ombre
Qui tremble dans la nuit
Excitant la rage des passants
Leur rage leur mépris leurs rires et leur envie
Les enfants qui s'aiment ne sont là pour personne
Ils sont ailleurs bien plus loin que la nuit
Bien plus haut que le jour
Dans l'éblouissante clarté de leur premier amour.

Péniche on the rocks.   93

94 *La Villette en dessous de zéro.*

96   *Où tu m'as embrassé.*

98   *Un matin dans la lumière de l'hiver.*

Sur la terre qui est un astre.

Un vieillard en or avec une montre en deuil
Une reine de peine avec un homme d'Angleterre
Et des travailleurs de la paix avec des gardiens de la mer
Un hussard de la farce avec un dindon de la mort
Un serpent à café avec un moulin à lunettes
Un chasseur de corde avec un danseur de têtes
Un maréchal d'écume avec une pipe en retraite
Un chiard en habit noir avec un gentleman au maillot
Un compositeur de potence avec un gibier de musique
Un ramasseur de conscience avec un directeur de mégots
Un repasseur de Coligny avec un amiral de ciseaux
Une petite sœur de Bengale avec un tigre de
    Saint-Vincent-de-Paul
Un professeur de porcelaine avec un raccommodeur de
    philosophie
Un contrôleur de la Table Ronde avec des chevaliers de la
    Compagnie du Gaz de Paris
Un canard à Sainte-Hélène avec un Napoléon à l'orange
Un conservateur de Samothrace avec une Victoire de
    cimetière
Un remorqueur de famille nombreuse avec un père de haute
    mer
Un membre de la prostate avec une hypertrophie de
    l'Académie française

Un gros cheval in partibus avec un grand évêque de cirque
Un contrôleur à la croix de bois avec un petit chanteur
   d'autobus
Un chirurgien terrible avec un enfant dentiste
Et le général des huîtres avec un ouvreur de Jésuites.

Ancêtre du cheval-vapeur.

106   *Deux noires valent une blanche.*

Train arrière.

110   *Cheval de glace.*

Sous les pavés la plage. 111

Les ombres

Tu es là
en face de moi
dans la lumière de l'amour
Et moi
je suis là
en face de toi
avec la musique du bonheur
Mais ton ombre
sur le mur
guette tous les instants
de mes jours
et mon ombre à moi
fait de même
épiant ta liberté
Et pourtant je t'aime
et tu m'aimes
comme on aime le jour et la vie ou l'été
Mais comme les heures qui se suivent
et ne sonnent jamais ensemble
nos deux ombres se poursuivent
comme deux chiens de la même portée
détachés de la même chaîne
mais hostiles tous deux à l'amour
uniquement fidèles à leur maître

à leur maîtresse
et qui attendent patiemment
mais tremblants de détresse
la séparation des amants
qui attendent
que notre vie s'achève
et notre amour
et que nos os leur soient jetés
pour s'en saisir
et les cacher et les enfouir
et s'enfouir en même temps
sous les cendres du désir
dans les débris du temps

Le pommier originel. 115

116   *Jeux de société.*

Les feuilles mortes

Oh ! Je voudrais tant que tu te souviennes
des jours heureux où nous étions amis
En ce temps-là la vie était plus belle
et le soleil plus brûlant qu'aujourd'hui
Les feuilles mortes se ramassent à la pelle...
Tu vois je n'ai pas oublié
Les feuilles mortes se ramassent à la pelle
les souvenirs et les regrets aussi
et le vent du nord les emporte
dans la nuit froide de l'oubli
Tu vois je n'ai pas oublié
la chanson que tu me chantais

C'est une chanson qui nous ressemble
Toi tu m'aimais
et je t'aimais
Et nous vivions tous deux ensemble
toi qui m'aimais
et que j'aimais
Mais la vie sépare ceux qui s'aiment
tout doucement
sans faire de bruit
et la mer efface sur le sable
les pas des amants désunis

Les feuilles mortes se ramassent à la pelle
les souvenirs et les regrets aussi
Mais mon amour silencieux et fidèle
sourit toujours et remercie la vie
Je t'aimais tant tu étais si jolie
Comment veux-tu que je t'oublie
En ce temps-là la vie était plus belle
et le soleil plus brûlant qu'aujourd'hui
Tu étais ma plus douce amie...
Mais je n'ai que faire des regrets
Et la chanson que tu chantais
toujours toujours je l'entendrai

C'est une chanson qui nous ressemble
Toi tu m'aimais
et je t'aimais
Et nous vivions tous deux ensemble
toi qui m'aimais
et que j'aimais
Mais la vie sépare ceux qui s'aiment
tout doucement
sans faire de bruit
et la mer efface sur le sable
les pas des amants désunis.

Les feux du couchant.

Table des illustrations

Achevé d'imprimer en janvier 1994
sur les presses de Aubin Imprimeur, Poitiers-Ligugé.
N° d'imprimeur P 44636